雨弦著

舊愛新歡

——雨弦詩書畫集

文史哲出版社印行

·3·作者

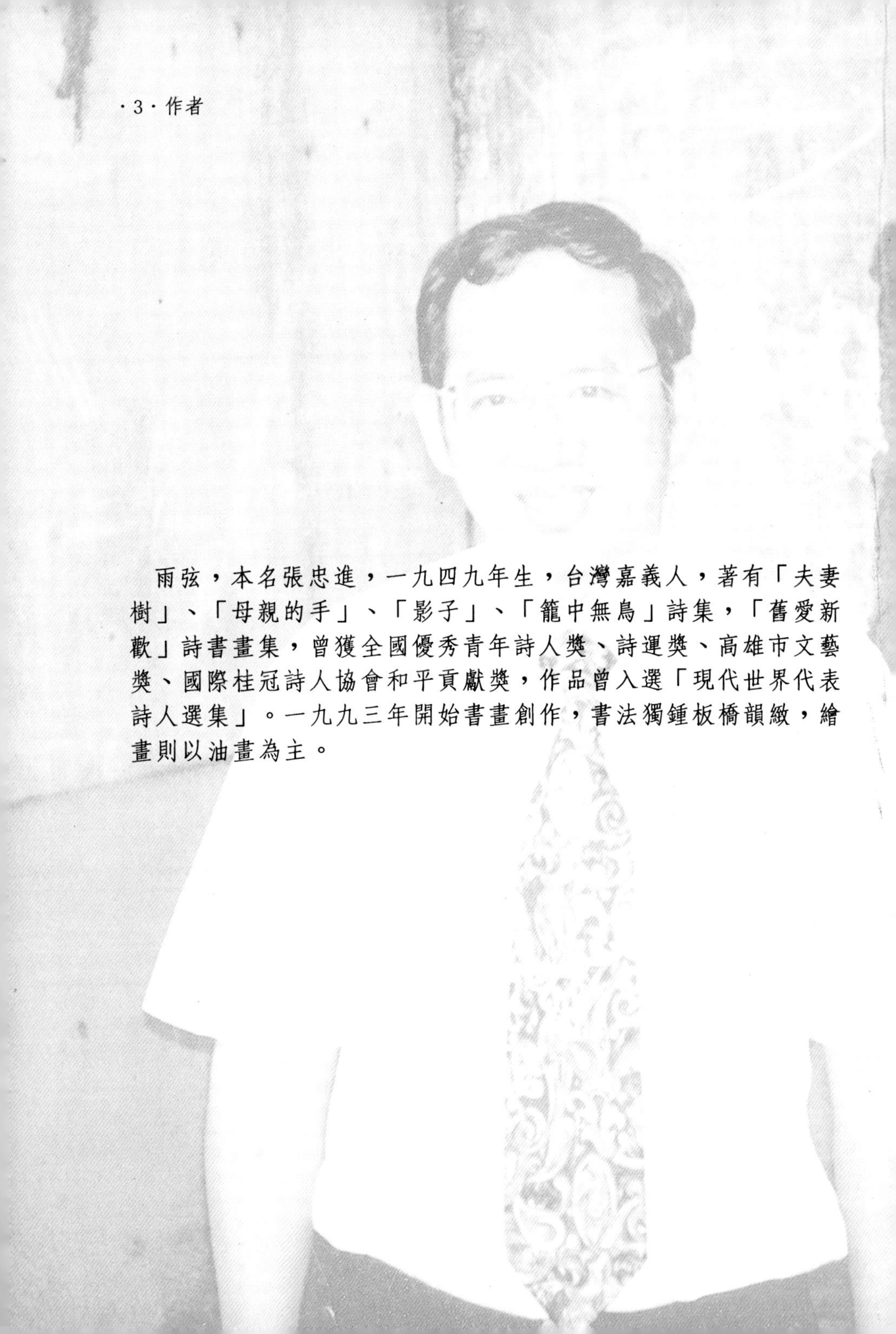

雨弦，本名張忠進，一九四九年生，台灣嘉義人，著有「夫妻樹」、「母親的手」、「影子」、「籠中無鳥」詩集，「舊愛新歡」詩書畫集，曾獲全國優秀青年詩人獎、詩運獎、高雄市文藝獎、國際桂冠詩人協會和平貢獻獎，作品曾入選「現代世界代表詩人選集」。一九九三年開始書畫創作，書法獨鍾板橋韻緻，繪畫則以油畫為主。

自序

一、

「舊愛新歡」終於決定讓它出版了，其實想出版這樣一本詩書畫集，已經醞釀了一年多，我之所以慎重如此，乃因與書畫結緣不久，雖已進入熱戀階段，但畢竟是「新歡」，是否要將戀情曝光，只怕會遭批評。

幾經斟酌，我終於告訴自己：作品是表現自我的，有我自己所欲表現的思想、情感，有我自己的風格、特色，這就夠了，這就是我，而往後，恐怕再也寫不出、畫不來這樣的東西來了，就當做生命的印記吧！

二、

書畫是「新歡」，是於三年前結的緣，而詩則已是三十年的「舊愛」了。

基於藝術感通的原理，由詩入書、入畫是很自然的事，這三個可愛的小情人，我一樣的愛著她們，因為讓生活裡充滿了愛與美是最幸福的了。詩人說：「我生活在兩個季節裡，看見妳的時候是春天，看不見妳的時候是冬天。」對我來說，無詩、無書、無畫的日子，就好比生活在冰冷的嚴冬裡，什麼也不想了，祇有與她們一起時，我的生命才有了活力與希望。

三、

書法是國粹，可惜拿毛筆的人越來越少了，儘管「發揚國粹」的口號喊了幾十年，大家也只是聽而不聞，我之所以與之結緣，卻是因為詩的緣故—企圖以書法來表現詩作。而直覺上我偏愛著鄭板橋體的「拙趣」與「靈氣」，因此在我的書法作品裡，的確有著鄭體的影子，但精神上還是相當自我的。而在繪畫的領域裡，我是一匹獨來獨往的狼，基本上以為不管文學或藝術的內涵，都是「現實而超現實，自然而超自然」的，這就是我一向秉持的創作理念，這和藝術感通的原理，就構成了我整個的創作信仰。

四、

我的第一本詩書畫集就要出版了，真要感謝曾經指導過我的詩人畫家小瓊，書法家黃吉川老師，以及好友廷俊兄的鼓勵，沒有他們，就沒有這些作品，真的謝謝他們，當然，還有許多對我付出關懷的人，就讓我銘記在我的心版上吧！

雨　弦

一九九六年六月於高雄

目錄

卷一 詩·書

擺渡者

一枝橹，一張筏
就是你的一生麼

櫓是沒有根的樹
筏是沒有根的萍
你的根在哪裏

渡過了他，又渡過了我
誰來渡你

黃昏了
你的家呢

擺渡者

一枝槳　一張筏
就是你的一生麼

槳是沒有根的樹
筏是沒有根的萍
你的根在哪裏

渡過了他　又渡過了我
誰來渡你

黃昏了
你的家呢

盆景

一輩子
一把泥土就夠了

誰不知
這是一個寸土寸金的世界
祇好將就將就
在這樣一方小屋裏
過它
一輩子

盆景

一輩子
一把泥土就夠了
誰不知
這是一個寸土寸金的世界
祇好將就將就
在這樣一方小屋裏
過它
一輩子

盆景的話

小時候
就離鄉背井
來到這有土無地的
院落
仰不見天，俯不及地
總是常被人修剪
且時扭曲成
他們所喜歡的
一種樣子

沒有深植的根
吮水之后
即暗自落淚

故鄉呵
你在哪裏？

盆景的話

小時候
就離鄉背井
來到這有土壤地的
院落
仰不見天 俯不及地
總是常被人修剪
且時扭曲成
他倆所喜歡的
一種樣子
沒有深植的根
吃水之後
即暗自落淚……
故鄉呵
你在哪裏

機上的一夜

我漸漸遠離我的鄉土
在無根的夜空

星子，妻不眠的眼
讀著我的飛行

好大的臥房喲
容納了多國籍的夢境

醒來的手，推開日昨的黎明
是太平洋上的一朵奇葩

機上的一夜

我漸漸遠離我的鄉土
在無根的夜空
星子 妻不眠的眼
讀著我的飛行
好大的臥房喲
容納了多國籍的夢境
醒來的手 推開日昨的黎明
是太平洋上的一朵奇花

日出

上山來　這長久的等待
祇為　一瞬間的壯麗

然後　真真知道
花　是怎樣開放
草　是怎樣成長
母親　是怎麼用她一生的愛
創造生命的驚喜

日出

上山來 遠長久的等待
祇為一瞬間的壯麗
然後 真真知道
苔是 怎樣開放
艸是 怎樣成長
母親是怎樣用她一生的愛
創造生命的驚喜

影子

雲是水的影子
水是雲的影子
詩是畫的影子
畫是詩的影子
你是我的影子
我是你的影子

影子是影子的影子

影子

雲是水的影子
水是云的影子
詩是畫的影子
畫是詩的影子
你是我的影子
我是你的影子
影子是影子的影子

魚語

那會是
外婆家屋簷下的魚乾串嗎

童年已逝，海已遠
掛在眼前的
是被風過、曝過
僵化了的
自己

忽聞背後
有貓的叫聲傳來

魚語

那會是
外婆家屋簷下的魚乾串嗎
童年已逝 海已遠
掛在眼前的
是被風過 曝過
僵化了的
自己
忽聞背後
有貓的叫聲傳來

水中月

曾經我心靈的眼
在一面粧鏡前
凝視一朵荷花

而今夕我所見的
是一張蒼白的臉
在變形了的鏡中
扭曲著

乍然迸出一句
這是人間
不是天上

水中月

曾經 我心靈的眼
在一面粧鏡前
凝視一朵荷蕾

而今夕 我所見的
是一張蒼白的臉
在變形了的鏡中
扭曲著

乍然迸出一句
這是人間
不是天上

壁畫

在我家書房的牆壁上
有一幅抽象畫
沒有裱褙
也沒有落款
但我知道
那是上帝的傑作
祂用雨水透背
功力十足
就是敦煌的壁畫
也無可比擬

壁畫

在我家書房的牆壁上
有一幅抽象畫
沒有裱褙
也沒有落款
但我知道
那是上帝的傑作
祂用雨水透背
功力十足
就是敦煌的壁畫
也要可比擬

牆

人
走進
一幢最豪華最現代的
絕對獨門獨院的
老死不相往來的
心房

四週皆牆
牆上都張貼著
保持距離
以策安全

牆裏
牆外
都站著
同樣不得其門而入的
孤寂

牆

人
走進
一幢巳自己豪華富現代的
絕對獨門獨院的
老死不相往來的
心房
四週皆牆
牆上都張貼著
保持距離
以策安全
牆裏
牆外
都站著
同樣不得其門而入的
孤寂

燭

焚血
煮淚
把黑暗燒出
一個傷口
遁逃

埋首於此，也
焚血，也煮淚，直至
那一道傷口
縫合

燭

焚血
煮淚
把黑暗燒出
一個傷口
遁逸

埋首於此也
焚血也煮淚直至
那一道傷口
縫合

剪影

其實
你所看到的
祇是我的一面
另一面
在我心裏

同樣地
我所看到的
也祇是你的一面
另一面
在你心裏

另影

與實
你所看到的
祇是我的一面
另一面
在我心裏

同樣地
我所看到的
也祇是你的一面
另一面
在你心裏

空心菜

我在我的心園
種四棵空心菜
一棵老聃
一棵莊周
一棵釋迦牟尼
另外一棵就叫
自己

空心菜

栽在我的心園
種四棵空心菜
一棵老聃
一棵莊周
一棵釋迦牟尼
另外一棵就叫
自己

隨緣

村晚
戲碼裸體觀音
善男信女愛看
七爺八爺也愛看
警長來了
他說他不愛看
神意卻不敢違背
就隨緣吧

一向不惹塵埃的我
想進廟問個究竟
卻為人潮所阻

隨緣

村晚
戲碼裸體觀音
善男信女愛看
七爺八爺也愛看
警長來了
他說他不愛看
神意却不敢違背
就隨緣吧
一向不惹塵埃的我
想進前問個究竟
却為人潮所阻

釣

這是一個充滿陷阱的世界
請不要說
這湖面如鏡
這風景如畫
你可知
湖中受傷的蚯蚓，正無奈地
渾身施展牠誘魚的媚功呢

釣

這是一個充滿陷阱的世界
請不要說
這湖面如鏡
這風景如畫
你可知
湖中受傷的蚯蚓正無奈也
渾身施展牠誘魚的媚功呢

一條小河

我是
一條小河
穿著
白上衣的
鄉村
黑褲子的
都市
望著
望著綠草裙的山
發楞

一條小河

我是
一條小河
穿著
白色衣的
鄉村
黑袍子的
都市
望著
也看綠草裙的山
裝扮

城中樹

我是瀕臨絕境的族類
佇足孤冷的街角
望斷喧嘩的城
吸著朋馳冒過來的黑煙
搖以枯黃的手

無人理我

祇身邊的一棟大廈
老是要跟我比
讓我感覺到
永遠矮了一截

城中樹

我是瀕臨絕境的族類
佇立孤冷的街角
望斷喧嘩的城
嗅著朋友們冒過來的黑煙
搖以枯黃的手

曼人理我

祇身邊的一棟大廈
老是要跟我比
讓我感覺到
永遠矮了一截

半屏山

總叫我想起
那個時代
那種樣子
許多蠶爬在桑葉上
啃食著
有人說是半殖民地
有人說是中國
有人噙著淚水
什麼也沒說

歷史不能重演呵
對著青髮漸禿的
自己
我如是說

半屏山

總叫我想起
那個時代
那種樣子
許多蠶爬在桑葉上
啃食著
有人說是半殖民地
有人說是中國
有人噙著淚水
什麼也沒說
歷史不能重演呵
對著青髮漸禿的
自己
我如是說

疚

—給母親的詩

總是五月才想起
在故鄉的你
想起自己
那些成長的歲月
你總是以青春的針線
細細的編織著
我們的幸福

總是五月才想起
你枯樹的容顏
積雪的鬢髮
和空虛的心房

總是五月才想起
你
是
我
的
母
親

歌

給母親的詩

總是五月才想起
在故鄉的你
想起自己
那些成長的歲月
你總是以青春的針線
細細的編織著
我們的幸福
總是五月才想起
你枯樹的容顏
積霜的鬢髮
和空虛的心房
總是五月才想起
你是我的母親

中國結

我把心事
編織成一條龍
唱出了
我們
不能再是
一
盤
散
沙

中國

我把心事
編織成一條龍
唱出了
我們
不能再是
一盤散沙

卷二 畫

忘了下山的路　水彩　1993　對開

彩霞滿天　水彩　1993　對開

雨弦

媽咪的眼睛　油畫　1993　10F

裸女　油畫　1993　5F

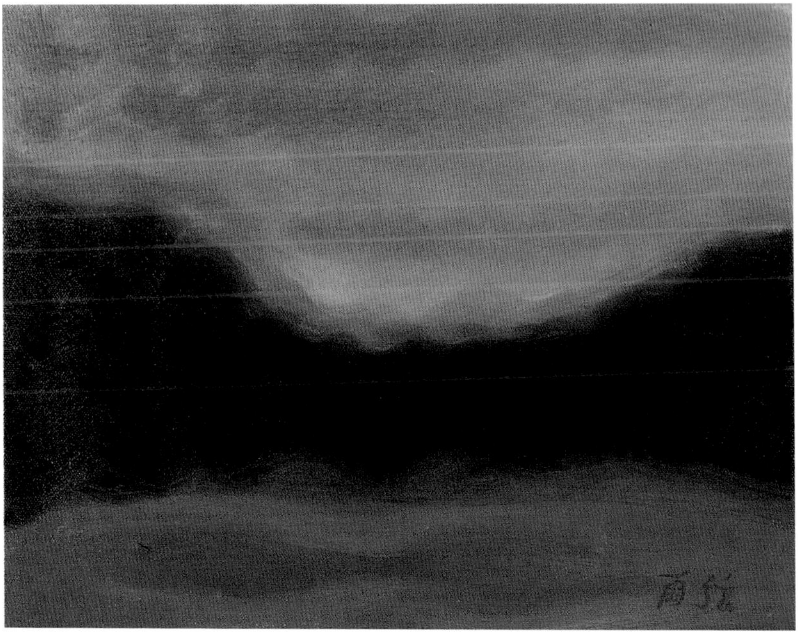

天堂鳥　油畫　1994　12F

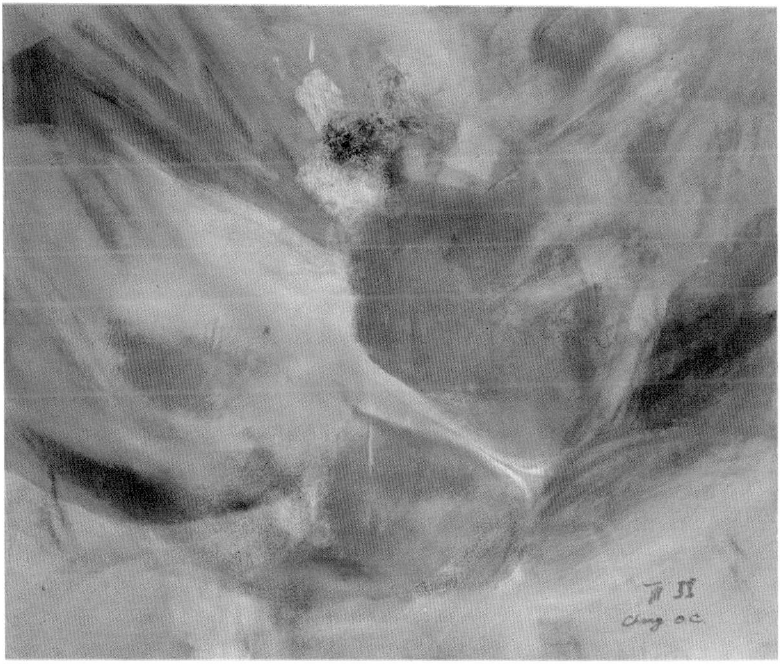

東京之夜　油畫　1994　10P

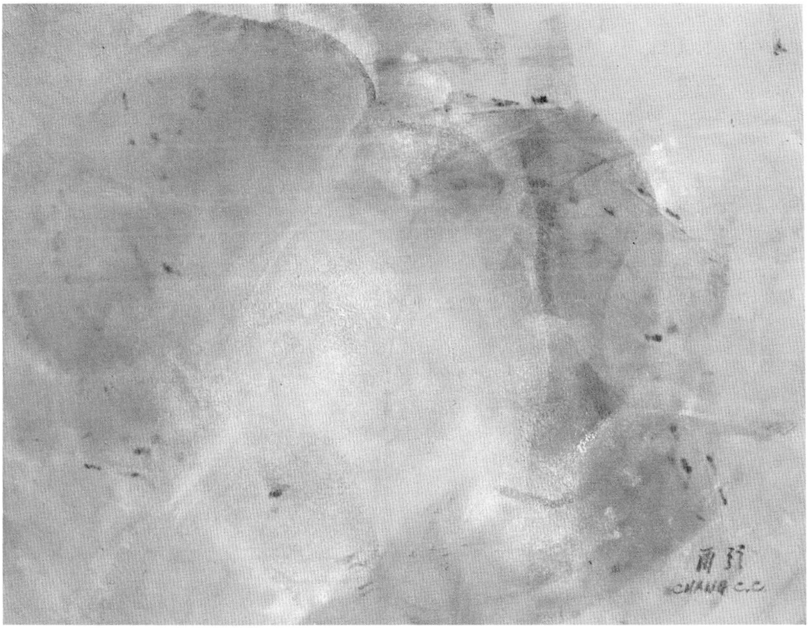
CHANG C.C.

對話 油畫 1994 12F

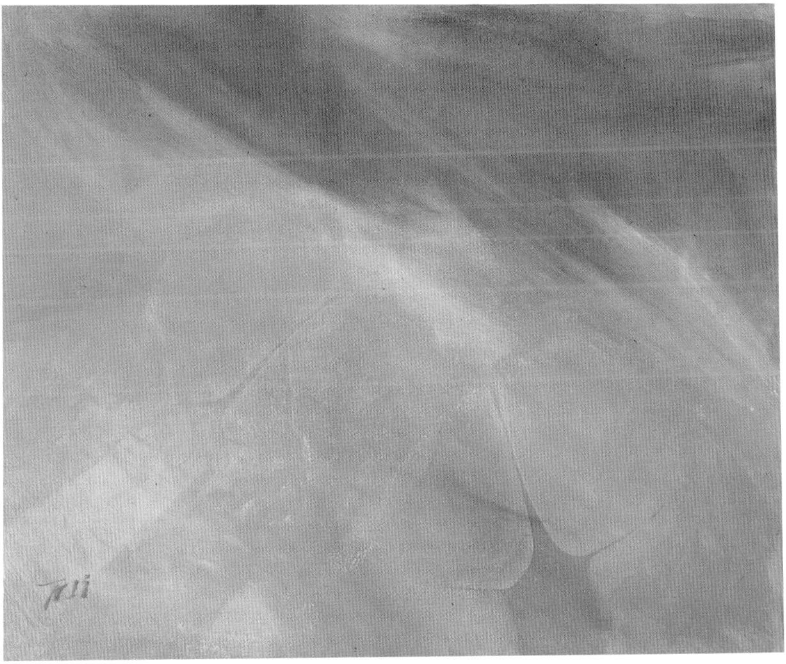

戀歌　油畫　1994　20F

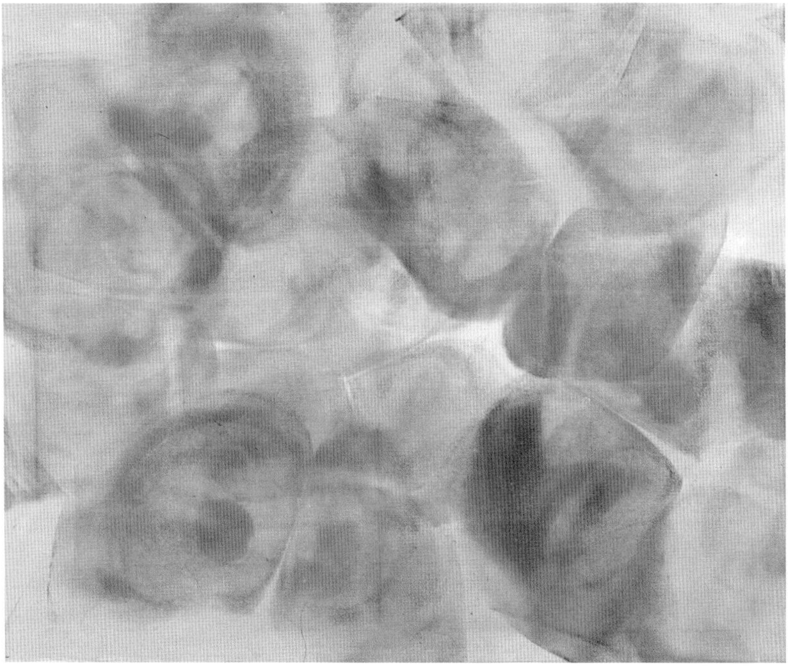

繾綣　油畫　1994　10F

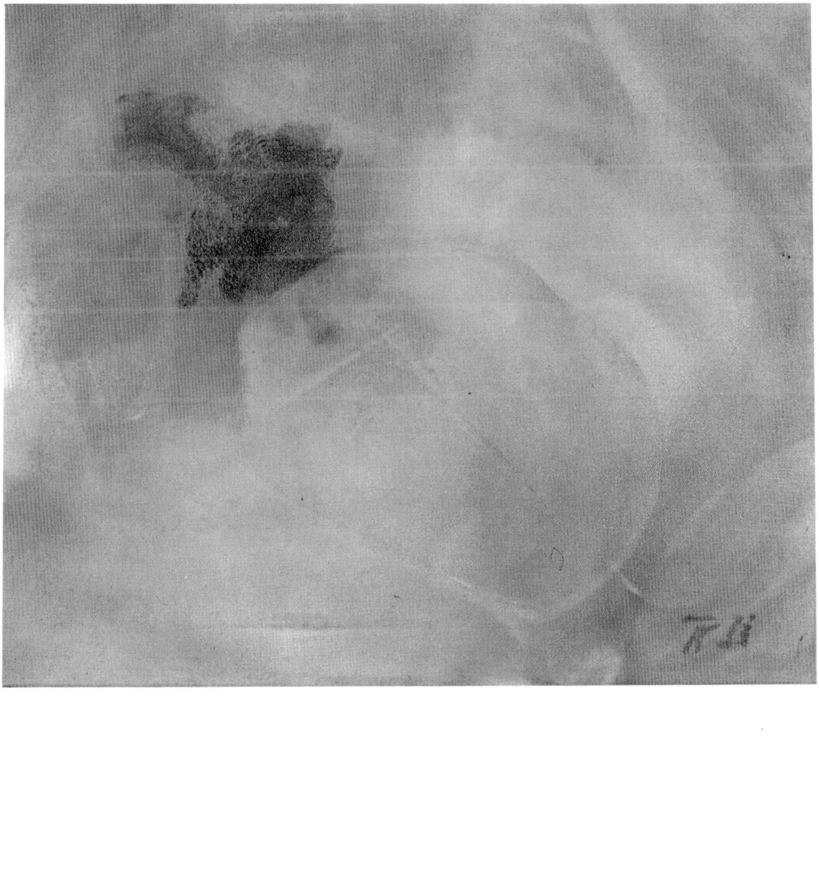

愛的樂章　油畫　1994　8F

附錄

不愛我的故鄉，更有那馳名中外的森林鐵路，
也經過我沒沒無聞的故鄉，那綿延不盡的青山白雲喲。
那一望無垠的綠竹紅杉喲。
我愛我愛我愛我的山上故鄉，
我愛我愛我愛我的山上故鄉。

山上故鄉

雨 弦 作詞
怡 萍 作曲

（前 奏）
在 那世界 聞 名的阿 里山
腰， 有我美麗可愛 的故 鄉， 那 是一 個 小小的村莊，
聳立在千尺的 高 峯 上， 一 年四季 鳥語花 香， 氣 候溫 和，
風 景宜 人， 我愛 那 世 外 桃 源般的清靜， 我愛那 堯 舜
文 景 似的民 風， 還有那 濃得化不 開的人 情味喲 叫 我如 何

塩埕今昔

雨　弦　作詞
李泰祥　作曲

※ B 調轉 G 調可直接連接，G 調轉 A♭調，可在最後一小節第三拍改成 ♭E7 然後轉至 A♭調。

男C^m調 4/4
女A^m調 S.SOUL

隨 緣

雨弦詞
林海曲

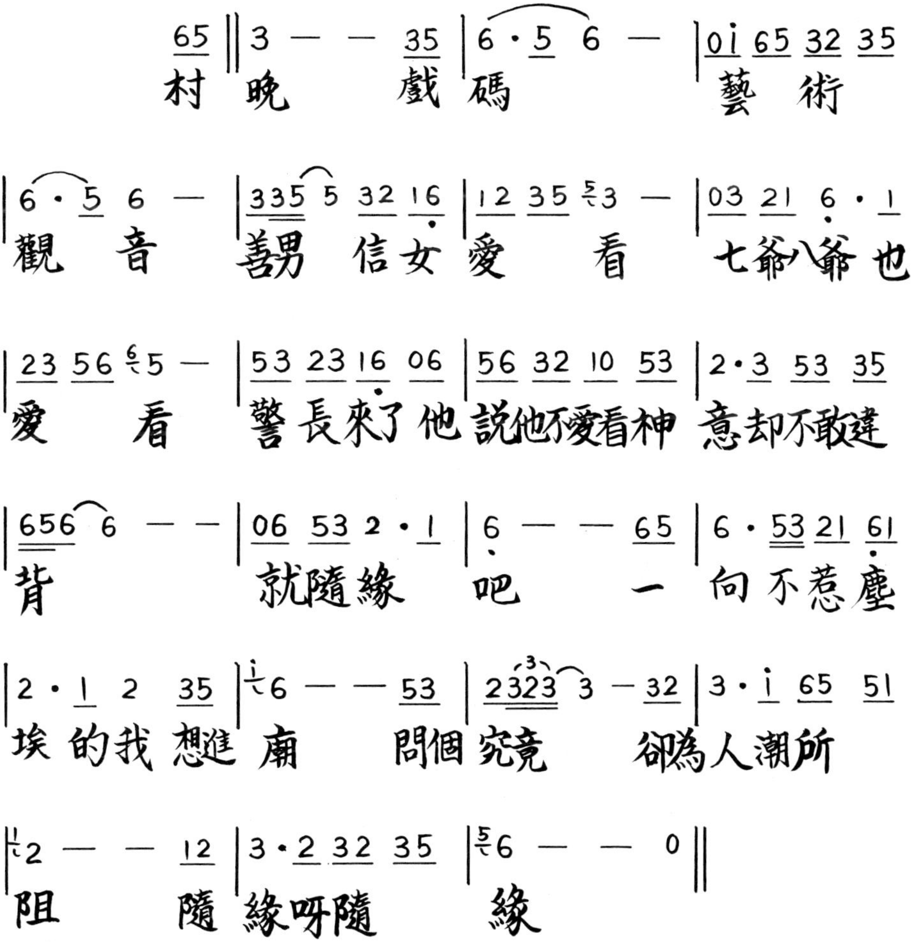

國立中央圖書館出版品預行編目資料

舊愛新歡：雨弦詩書畫集 / 雨弦著. -- 初版.
-- 臺北市 ： 文史哲,民８５
面； 公分.--
ISBN 957-549-024-X(平裝)

1.書法 - 新詩 2.水彩畫 - 油畫 - 作品集

942.15

舊愛新歡

著者：雨弦
出版者：文史哲出版社
登記證字號：行政院新聞局局版臺業字五三三七號
發行人：彭正雄
發行所：文史哲出版社
校對：林雅玫
封面設計：吳合芳
印刷者：文史哲出版社
台北市羅斯福路一段七十二巷四號
郵撥〇五一二八八一二彭正雄帳戶
電話：三五一一〇二八

實價新台幣二〇〇元

中華民國八十五年七月初版

ISBN 957-549-024-X